Crônica Trovada
da
Cidade de Sam Sebastiam
e
Cantata da Cidade do Rio de Janeiro

Cecília Meireles

Crônica Trovada
da
Cidade de Sam Sebastiam
e
Cantata da Cidade do Rio de Janeiro

Coordenação editorial
André Seffrin

Curadoria
Godofredo de Oliveira Neto

São Paulo/Rio de Janeiro
2019

Sumário

Apresentação
    Anélia Montechiari Pietrani 11

Cecília
    Texto de Carlos Drummond de Andrade 18

Crônica Trovada da Cidade de Sam Sebastiam
    O lugar. 25
    Arariboia visita o Governador Salema 27
    Canção da indiazinha. 28
    Canção do Canindé 31
    Canto do Acauã 32
    Convívio 35
    Cronista enamorado do Saguim 36
    Estácio de Saa 39
    Estácio de Saa flechado em Uruçumirim. 40
    Delírio e morte de Estácio de Saa 43
    Gesta de Men de Saa 45
    Glorificação de Estácio de Saa 51
    História de Anchieta. 52
    Oropacan. 54
    Poema dos inocentes Tamoios 57
    Retiro espiritual de Men de Saa 61
    Meditação sobre o inferno 65
    Retrato de Cunhambebe 69
    S. Sebastião entre as canoas. 70

Cantata da Cidade do Rio de Janeiro
    I / A Fundação. 77
    II / O Século XVII. 81
    III / O Século XVIII. 82
    IV / O Século XIX. 85
    V / O Século XX. 89

Cronologia – Cecília Meireles 93

APRESENTAÇÃO

Cecília Meireles e os motivos do Rio

Cidade de ricos e pobres, arquitetura de música e amor,
Que envolve no mesmo abraço o que há de vir e o que já foi (ou: o que passou).

Cecília Meireles, em *Cantata da Cidade do Rio de Janeiro*.

Aos que lançam um breve olhar pelos lugares que a poesia de Cecília Meireles cantou, o Rio de Janeiro pode parecer ali pouco presente. A cidade que o hino tão popular alcunhou "cidade maravilhosa", que a história invocou como "a mui leal e heroica cidade de São Sebastião", que Drummond registrou em sua "Canção do fico" como "Rio antigo, rio eterno, / Rio-oceano, Rio amigo, / o Governo vai-se? Vá-se! / Tu ficarás, e eu contigo", ou sobre a qual Vinícius escreveu que "ser carioca é, antes de mais nada, um estado de espírito" – a cidade em que nasceu Cecília e onde ela viveu por longo tempo é o leitmotif de dois de seus poemas: *Crônica trovada da cidade de Sam Sebastiam no quarto centenário de sua fundação pelo Capitam-Mor Estácio de Saa* e *Cantata da cidade do Rio de Janeiro, a mui leal e heroica cidade de São Sebastião*.

Pouco referidos em estudos críticos sobre a obra poética da autora, ambos foram escritos em 1964, ano de falecimento de Cecília, com o motivo então delineado pela própria poeta de comemorar o aniversário de fundação do Rio de Janeiro, em seus 400 anos. A leitora e o leitor da poesia de Cecília Meireles são agora agraciados com esta publicação inédita da *Crônica trovada* e da *Cantata*, compiladas em volume único, em trabalho editorial muito bem cuidado, o que se verifica pelo apuro com que foram feitas as transcrições dos originais e escolhidas as ilustrações do livro. A reunião desses dois poemas representa, passados 50 anos de sua escrita, bem mais que a rememoração do motivo inicial do projeto. À homenagem à cidade do Rio se une a homenagem aos poetas, que se distanciam de impressões da geografia física, das razões que a história cria para contar os feitos de homens e heróis, e podem imaginar uma outra existência para a cidade, a sua cidade em poesia.

Cecília Meireles é um desses poetas. O Rio, sua geografia e sua história oferecem à poeta todos os motivos que ela tencionasse buscar para dedicar à cidade um Romanceiro ou um Cancioneiro. Nos versos destes dois longos poemas, ora seguindo uma linha horizontal em viagem para um passado criado e recriado pela memória e pela poesia, com vistas à compreensão da dimensão do tempo passado, presente, futuro, ora verticalizando-se em busca de uma força ascensional, mesmo – pode-se dizer – transcendentalizada, que pudesse responder às inquirições existenciais sutilmente apresentadas, a voz poética ceciliana se faz presente cada vez que lemos a palavra "rio" no motivo da unidade harmoniosa dos sons que ela evoca, no motivo do desenho que ornamenta as frases, no motivo dos bastidores em que borda a memória que ora lembra, ora esquece a história – a História da Fundação da Cidade do Rio de Janeiro.

Pode ser que, como alguns críticos têm destacado, talvez Cecília Meireles não tivesse terminado o projeto arquitetônico que unifica os poemas que integram cada um dos dois textos; pode ser que talvez o tempo – inclemente –, o próprio tempo em sua fugacidade,

tão cantado pela poeta nos instantes de sua poesia, lhe tivesse soprado as árias, as cantilenas, as gestas, as sonatas, as cantatas, deixando a nós, seus leitores, apenas fragmentos em forma de vento, gota, lágrima, onda, pétala em homenagem à cidade que Cecília buscava recriar, imaginar, eternizar em seus versos. O motivo de cantar o Rio bastaria em si mesmo.

"Sei que canto. E a canção é tudo.", diz-nos a poeta em "Motivo", um de seus poemas mais conhecidos. O motivo está no próprio ato de cantar, intransitivamente. À fragilidade humana, à efemeridade do instante e da vida, à relatividade da história, seus homens e heróis, que se fiam em sua razão e racionalidade, subjaz a soberania do canto em sua perenidade. Enquanto a poeta recorre ao motivo de seu próprio canto, sua palavra poética provoca em nós não a presença mesma do objeto, mas o sentimento de sua presença; não a invocação da coisa, mas a evocação do sentido entre a palavra e a coisa.

Convém, neste momento, abrir um veio de reflexão que a leitura da *Crônica trovada* e da *Cantata* suscita. O "jasmineiro verso de Cecília" – expressão com que tão bem Drummond, em seu poema "Boato da primavera", soube exprimir o ritmo escrito, desenhado e perfumado de Cecília Meireles – talvez não contivesse a só harmonia que ela esperava

pintar no retrato, às vezes natural, às vezes tão pouco natural, de sua cidade, desde aqueles tempos remotos em que árvores cresciam por todos os lados, aves enfeitavam o lugar com suas cores e seus cantos, índios corriam pelas matas ou pelas águas com suas igaras, pescavam e flechavam suas caças, pintavam sua pele e faziam suas roupas de pena, índias se ocupavam de mandioca e ananás, cantavam e brincavam com a flor do maracujá, canindés coloriam as matas, acauãs cantavam pela sombra e traziam a cinzenta mensagem de morte. Lá, no verso ceciliano, no ritmo diverso de sons, cores, sabores, odores poéticos, está também uma certa dissonância do motivo em forma poética, afastando-a do que a própria poeta, certo dia, em uma entrevista, revelou ser seu grande defeito: "uma certa ausência de mundo".

É com a delicadeza de pétalas de rosa em cor de nácar que o mundo estará sutilmente presente na poesia de Cecília Meireles. A acurada sensibilidade crítica e a generosidade com que partilhava o conhecimento não poderiam permitir que não contasse também a história dos perdedores. Dois poemas que compõem a Crônica trovada são ilustrativos para essa questão. Em "Convívio" e "Poema dos inocentes tamoios", que parecem espelhar-se um no outro se lidos juntos, a tensão poética se revela em som e silêncio, compondo a música que há em seus versos. Estruturados em dísticos, os dois têm nos versos ímpares o mesmo ritmo, o da redondilha maior, enquanto a dissonância aparece nos versos pares: em "Convívio", mantêm-se as redondilhas com rimas agudas, fortes e conclusas, que são substituídas no "Poema dos inocentes tamoios" por versos tetrassilábicos com predominância das rimas graves, em que a

13

assonância em /a/, com seu timbre aberto e em ascensão, parece atingir seu ápice nas duas estrofes: "Bem tratávamos o amigo / que nos buscava... // Mas os nossos inimigos, / que bem matávamos!", especularmente construídas pela figura quiasmática do bem tratar versus bem matar e da singularização do amigo versus os inimigos pluralizados.

Outro aspecto ainda merece atenção na leitura conjunta dos dois poemas referidos. A mudança do tom da rima aguda do primeiro poema para as predominantes graves do segundo lembra, nas sílabas breves do fim de cada verso par, o som que permanece no silêncio, instaurando-se ambos – som e silêncio – na música da palavra a completar a redondilha que não há, a preencher de reflexões as reticências, os dois-pontos, o ponto-e-vírgula, e poucos – tão poucos – pontos finais. Silêncio nunca é o nada, porque sempre tem o pensamento, Cecília sabe disso.

Cecília, a poeta, sabe que música e poesia são som e palavra, mas também silêncio; Cecília, a cronista e jornalista, sabe que a história se faz de ocultamentos e esquecimentos; Cecília, a professora e educadora, sabe do convívio difícil entre índios e colonizador, reconhecendo a troca injusta das bugigangas que lhes são oferecidas pelo trabalho árduo que executam, como aparece bem marcado na estrofe final de "Convívio" ("pentes, vidrilhos, espelhos / frutas, madeiras, animais...") e nas duas estrofes que colocam não um ponto final na história dos "inocentes tamoios" que participaram dessa História, mas uma exclamação, como tentativa de complemento aos dois-pontos ("Ai, meus avós, que este mundo / é coisa rara: // tudo começa de novo, / quando se acaba!"). Cecília

Meireles sabe que, na poesia e na vida, a coisa escrita e dita é palavra neblina e apenas pode sugerir...

A partir da frase atribuída a Estácio de Sá por ocasião da fundação da cidade em 1565, que a poeta toma como epígrafe para a *Cantata da cidade do Rio de Janeiro* e vai modificando no decorrer do poema – ora deixando-a perder-se, ora deixando-a crescer –, Cecília construirá cada uma das cinco partes que o compõem, enquanto a cidade é recordada em cinco séculos de história e poetizada em sua potência de imagem e de ideal. Não nos parece aleatório que a poeta tenha escolhido, em gradação, a mudança do verbo levantar, de acordo com o tempo que deseja marcar em cada parte do poema. Partindo de "levantemos", utilizado no modo imperativo na frase do primeiro governador e repetido pela poeta na primeira parte da *Cantata*, sob o título "A fundação", atravessando o passado imperfeito e contínuo "levantávamos" dos séculos XVII e XVIII e o presente "levantamos" do século XIX, até chegar ao século XX em que ela utiliza o verbo no futuro, "levantaremos", Cecília faz a sua leitora e a seu leitor um convite.

Nessa viagem temporal-simbólica pela poesia de seus cancioneiros do Rio, nesta viagem histórico--poética pela canção de seus romanceiros do Rio, o convite que "a pastora de nuvens" faz parece ser mesmo o da travessia para um tempo de um horizonte ilimitado, de vagas músicas e de mares absolutos. Um tempo em que não há passado, presente e futuro. Um tempo de incansável e, talvez, interminável busca. Um tempo de um ideal. O imperativo que fora um dia o do majestoso colonizador não cabe mais neste hoje, sim, o hoje de 1964, como registra Cecília ao pé do último verso da *Cantata*, mas também não cabe no hoje destes mais de 450 anos de fundação desta que – dizem, desdizem – é a mais bela das mais belas cidades do mundo. O tempo que Cecília busca e espera, no retrato que faz para o futuro do Rio de Janeiro é o tempo da convivência harmoniosa, tempo em que – na melodia de suas montanhas e seus mares – conviveriam ricos e pobres na mesma música, no mesmo amor, envolvidos no mesmo abraço: o tempo da utopia, em que "marcaremos a nossa vontade, o nosso destino, o nosso rumo", diz a poeta no último verso escrito, que nunca será o fim.

O motivo do Rio de Cecília Meireles é a esperança. Leitoras e leitores, sejam bem-vindos a ele.

ANÉLIA MONTECHIARI PIETRANI
Professora de Literatura Brasileira – UFRJ

Cecília[1]

---

1 Crônica publicada no *Correio da Manhã* de 11/11/1964.

*s 15 horas de segunda-feira, 9 de novembro de 1964, os poemas de Cecília Meireles alcançaram a perfeição absoluta. Não há mais um toque de sutileza a acrescentar-lhes, nem sequer um acento circunflexo a suprimir-lhes – aquele acento que ela certa vez, em um poema, retirou de outro poema com a leveza de mão de quem opera uma borboleta. Não virão outros versos fazer-lhes sombra ou solombra. O que foi escrito adquiriu segunda consistência, essa infrangibilidade que marca o definitivo, alheio e superior à pessoa que o elaborou.*

Vendo-os desligar-se de sua matriz humana, é como se eu os visse pela primeira vez e à luz natural, sem o enleio que me despertava um pouco o ser encantado ou encantador, chamado Cecília Meireles. Falo em encantamento no sentido original da palavra, "de que há muitos exemplos nos livros de cavalaria e poetas". Não me parecia uma criatura inquestionavelmente real; por mais que aferisse os traços positivos de sua presença entre nós, marcada por gestos de cortesia e sociabilidade, restava-me a impressão de que ela não estava onde nós a víamos, estava sem estar, para criar uma ilusão fascinante, que nos compensasse de saber incapturável a sua natureza. Distância, exílio e viagem transpareciam no sorriso benevolente com que aceitava participar do jogo de boas maneiras da convivência, e era um sorriso de tamanha beleza, iluminado por um verde tão exemplar de olhos e uma voz de tão pura melodia, que mais confirmava, pela eficácia do sortilégio, a irrealidade do indivíduo.

Por onde erraria a verdadeira Cecília que, correspondendo à indagação de um curioso, admitiu ser seu principal defeito "uma certa ausência do mundo"? Do mundo como teatro em que cada especta-

dor se sente impelido a tomar parte frenética no espetáculo, sim; não, porém, do mundo de essências, em que a vida é mais intensa porque se desenvolve em estado puro, sem atritos, liberta das contradições da existência. Um estado em que a sabedoria e beleza se integram e se dissolvem na perfeição da paz.

Para chegar até ele, Cecília caminhou entre formas selecionadas, que ia interpretando mais do que descrevendo; suas notações da natureza são esboços de quadros metafísicos, com objetos servindo de signos de uma organização espiritual onde se consuma a unidade do ser com o universo. Cristais, pedras, rosicleres, flores, insetos, nuvens, peixes, tapeçarias, paisagens, um escultural cavalo morto, "um trevo solitário pesando a prata do orvalho", todas essas coisas percebidas pelo sentido são carreadas para a região profunda onde se decantam e sublimam. Nesta viagem incessante, para além da Índia, para além do mistério das religiões e dos sonhos, Cecília Meireles consumiu sua vida. Não é de estranhar que a achássemos diferente do retrato comum dos poetas e das mulheres.

Revisitando agora a imaculada galeria de seus livros, desde Viagem *até os brincos infantis de* Ou isto ou aquilo, *passando pelas estações já clássicas de* Vaga música, Mar absoluto *e* Retrato natural, *penetrando no túnel lampejante de* Solombra, *é que esta poesia sem paridade no quadro da língua, pela peregrina síntese vocabular e fluidez de atmosfera nos aparece como a razão maior de haver existido um dia Cecília Meireles. A mulher extraordinária foi apenas uma ocasião, um instrumento, afinadíssimo, a revelar-nos a mais evanescente e precisa das músicas. E esta música hoje não depende de executante. Circula no ar, para sempre.*

CARLOS DRUMMOND DE ANDRADE

La Maison du Gouverneur.
Les Benedictins.
Les Carmes.
Les Iesuites.

Riviere de

La Maison du Gouverneur.

Les Benedictins.

Les Carmes.

Les Jesuites.

Riviere   de

Crônica Trovada da

Cidade de Sam Sebastiam

O LUGAR

Entre o Pão de Açúcar
e o Cara de Cão,
com duzentos homens,
nosso Capitão
fundava a cidade
de S. Sebastião.

Os montes, de grande altura,
nas nuvens se vão perder.
A pedra do Pão de Açúcar
à beira da água se vê.

    Cedros e sândalos bravos
    e o pau chamado Brasil
    crescem por todos os lados
    nas verdes matas daqui.

Rios, pântanos, lagoas,
paludes – no mole chão.
Pelos ares de ouro voam
canindés, maracanãs,

    que aves são de belas penas
    com que o índio sabe enfeitar
    mantos, tacapes, diademas,
    arco, flechas, e cocar.

Arariboia visita o Governador Salema

"Ó bom chefe, nosso aliado,
que tanto nos ajudaste,
senta-te nesta cadeira:
conversemos do passado,
descansemos dos combates,
de corridas e canseiras!"

Senta-se o índio e as pernas cruza.
Vem o intérprete adverti-lo
que tal postura não se usa...
Responde-lhe o índio tranquilo:

"Se soubésseis como as pernas
cansadas trago das guerras
por onde sobre perigos
tantos andei,
não estranháveis a falta
que cometo no cruzá-las,
que as descruzava a serviço
del-Rei.

Mas se são tão rigorosas
as leis de etiqueta vossas,
para assim me censurardes,
Senhor, sabei
que abandono esta cadeira,
vou para as minhas aldeias
onde me sento à vontade.
E não voltarei."

E o governador reflete
sobre as proezas que fez
o índio Arariboia e mede
a sua enorme altivez.

"Deixa-te estar como queiras,
ó bom chefe nosso aliado!
Cruza as pernas que as canseiras
das guerras têm alquebrado.
Outro é o costume da corte:
mas não te reprocharei,
pois bom companheiro foste
nestas campanhas del-Rei.
À beira desta baía
dono já és de lugares
merecidos: Sesmarias
para as pernas descansares..."

CANÇÃO DA INDIAZINHA

Na, na,
mas por que chora essa menina?
Pela flor do maracujá.

Mas, se eu lhe der uma conchinha,
a menina se calará?
Aána, aáni na na

Na, na,
Se eu lhe der a asa da andorinha,
a cantiga do sabiá?
Aáni, aáni, na na

Na, na,
nada disse: que esta menina
quer a flor do maracujá.

A flor abriu-se lá em cima.
Sua mão não a alcançará.

Na, na.
E ela a quer apanhar sozinha!
E chora que chora a menina
pela flor do maracujá.
Na na.

CANÇÃO DO CANINDÉ

Canindé azul, canindé azul,
dá-me a tua pena,
quero ser como tu,
canindé azul.

Eu pássaro sou, eu pássaro sou,
canindé amarelo,
dá-me a tua cor,
eu pássaro sou.

Vou voar pelo céu, vou voar pelo céu,
canindé amarelo
da cor do mel.
Vou voar pelo céu.

Sem pouso nenhum, sem pouso nenhum,
vou ficar voando,
canindé azul,
sem pouso nenhum.

Canto do Acauã

Canta, canta, pela sombra,
antes que chegue a manhã,
Acauã!

Ó cinzento mensageiro,
nós te vamos escutando,
Acauã!

Os mortos, detrás do morro,
falam na voz do teu canto,
Acauã!

Guanumbi não traz recados,
canindé, maracanã...
Acauã!

Lutaremos com mais força,
ouvindo o que vais falando,
Acauã!

Vai dizer atrás do morro
como combatemos tanto,
Acauã!

Detrás do morro estaremos
todos dançando amanhã,
Acauã!

Canta, canta, pela sombra,
vai cantando e vai chorando,
Acauã!

Convívio

Nossas meninas brincavam
com a flor do maracujá.

Nossas moças se ocupavam
de mandioca e de ananás.

Chegaram canoas grandes
e os canhões ouvimos troar.

Eram homens diferentes
que se punham a acenar.

Pediam-nos pau vermelho,
que nos mandavam cortar.

Facas, tesouras e pinças
é o que essa gente nos traz.

Trazem também anzóis, pregos,
camisas, para nos dar

em troca dessa madeira.
Homens são, porém, de paz.

Que terra tão fria a vossa,
que tanta lenha buscais!

Ides de canoa cheia,
daqui a pouco voltais!

Como vindes de tão longe
o pau vermelho buscar!

E tudo para a fogueira
com que o Rei vosso aquentar.

Mas também tiravam tinta
para os vestidos pintar.

E quantos vestidos trazem!
Somente Pai Nicolau

tem as roupas diferentes,
com todas as cores que há.

Mas nós pintamos a pele,
que é bem mais fácil de usar.

Só pomos chapéu, camisa,
botinas, para brincar.

O mair fica zombando
porém nós zombamos mais,

e vivemos de presentes,
nós de cá, eles de lá,

pentes, vidrilhos, espelhos,
frutas, madeira, animais...

Cronista enamorado do saguim

O saguim é um animalzinho assaz bonito:
é mesmo o mais bonito de todos, pela selva;
anda nas árvores, esconde-se, espia, foge depressa
e há deles, na terra viçosa, número infinito.

Se qualquer rei da Europa o visse, gostaria
de possuí-lo como um brinquedo, vindo de longe, e raro.
Mas é o saguim animalzinho tão delicado
que a uma viagem tão longa não resistiria.

A cara do saguim é como a de um leãozinho,
e pode-se conseguir que ele pouse no nosso ombro.
O saguim mais bonito de todos é o saguim louro,
que tem uma expressão de inteligência e carinho.

Ele pode descer a comer à nossa mão! Graciosa
é a sua maneira de olhar. Gracioso é o movimento do seu corpo inteiro,
tão leve e breve! Mas os melhores, só no Rio de Janeiro
se encontram: se encontram apenas nesta cidade, a mui formosa.

ESTÁCIO DE SAA

Pelo mar inquieto ressoam-lhe os passos
nas pranchas instáveis do curvo galeão.
Para leste e oeste se alongam seus braços
e o sol dobra a sombra do alto capitão.
    De que família vem? Que nome traz?
    Saa, Saa, dizem os céus – dos grandes Saas.

Seu peito à armadura se impõe largo e forte:
que um vento de flechas sopra nessa terra
onde a cada instante se recebe a morte
com plumas de pássaros e farpas de guerra.
    De que família vem? Que nome traz?
    Saa, Saa, dizem os céus – dos grandes Saas.

Mas ao grande frio do mar oceano,
envolve-se agora no tabardo imenso,
e pelo chão d'água corre, sobre-humano
seu vulto em lembranças e sonhos suspenso.
    De que família vem? Que nome traz?
    Saa, Saa, dizem os céus – dos grandes Saas.

Suas mãos sem guantes esboçam, discretas,
peregrinas formas de antigas linhagens:
sangue de Collonnas, Rodrigues, e os poetas
de que o Lácio guarda formosas imagens.
    De que família vem? Que nome traz?
    Saa, Saa, dizem os céus – dos grandes Saas.

Seu rosto, porém, nunca se fez presente:
dá golinha ao gorro, a barba, a fronte, a face,
breve campo são para a entrega, somente
da alma à flecha irada que por ele passe.
    De que família vem? Que nome traz?
    Saa, Saa, dizem os céus – dos grandes Saas.

Este é o herói sem rosto, o herói com os olhos cheios
de índios e inimigos, danças, mortandade,
entregue a alta empresa – sem gente e sem meios –
de dar o seu sangue para uma cidade.
    De que família vem? Que nome traz?
    Estácio, Estácio foi – dos grandes Saas.

Estácio de Saa flechado em Uruçumirim

Não tinha vinte anos
o capitam-mor?
      Talvez dezassete?

Caiu-lhe uma flecha
no rosto de herói,
      da rocha fragosa?

De muito alto vinha
e logo o prostrou.
      De que mão certeira?

Como um bico enorme
de ave multicor:
      que canto trazia?

A ave era a da morte,
mas a voz, da vida:
      a voz da vitória
do capitam-mor.

Delírio e morte de Estácio de Saa

("e deu-lhe por armas um molho de setas")

"As setas desta Cidade
nem todas minhas serão..."
(Do cerco da Eternidade,
quem fala? É S. Sebastião.
Pois quem mais consolará
a alma de Estácio de Saa?)

"Eu, Capitão-imperial,
qual porco-espinho fiquei,
por vassalo humilde e leal
de Quem, se na cruz morreu,
é dos céus rei imortal."

"A ti, que és Capitam-Mor,
uma apenas bastará.
Grande e amargo, o valor teu,
jovem Estácio de Saa,
pois morres pelo teu Rei,
príncipe só terrenal,
D. Sebastião, teu Senhor,
que te eleva à glória e à dor
e cujo breve esplendor
tombará num triste areal."

"Não é tão grande o meu mal:
– murmura o Capitam-Mor –
que a cidade levantei,
e tranquilo está meu peito,
com a seta que na alma aceito,
pois com este só sinal
junto aos vossos pés cheguei.

E agora, para onde irei?

A que outras guerras irei
para serviço melhor?"
E em luz o santo responde:
"Jovem, bravo capitão,
a outras te conduzirei:
não precisas saber onde.
Confia-te à minha mão."

Gesta de Men de Saa

Eis o insigne varão, todo magoado,
que sobe à sua nau, solenemente,
a serviço del-Rei longe mandado.

Há sombras sobre o século, e inclemente
avança pelos céus qualquer ameaça:
contra os reis? contra os reinos? contra a gente?

Assim toda a grandeza assoma e passa!
E, já por amarguras d'alma enfermo,
a água dos olhos seus ao mar se enlaça.

Mas ah! que vem a ser, ante o sem-termo
chorar das ondas, o prantear humano,
e a alma sozinha ante o marítimo ermo?

    Nomes de Dona Guiomar
    o de Dona Briolanja:
    Nomes agora só de ar
    ("Em quanto de ũa esperança
    em outra esperança andais",
    falara Sá de Miranda,
    "fazer-vos quero lembrança
    como é leve e não se alcança...")
    Dias de amor e lisonja
    esses não se alcançam mais...

Eis a luz e o negrume deste oceano,
ainda recentemente descoberto,
por onde o vento ordena o lenho e o pano;

e a vida, entregue a esse comando incerto,
procura litorais e, a cada instante,
longe e perdida, cuida que os tem perto.

Mas tudo é sempre muito mais distante,
e sempre são navegações e mares,
para o homem só da morte caminhante.

Respiremos o ardente sal dos ares,
aceitemos o fim desconhecido,
aonde vamos, cobertos de pesares.

    Tempos de motes de amor
    e de vilancetes velhos.
    Tempos felizes de dor!
    "... vedes os tempos que correm,
    vedes fugir e correr..."
    (E estes tristes tempos fogem,
    vê-se que se tanto correm,
    da sua corrida morrem
    e só nos servem os olhos
    ao que é desaparecer!)

Eis o luto com o próprio sangue urdido:
morrem também os príncipes de amores
como os zagais. E é tudo amor perdido.

Ah! fontes, ah! samponhas, ah! pastores...
Sonhos leves bebidos de águas suaves
para encantarem cegos sonhadores.

Nem tudo é sol e festa e cantar de aves:
há guerras negras em que adolescentes
se tornam, com o morrer, velhos e graves.

Ceuta! ah! como podemos ser contentes,
nós, os pais desses moços acabados,
que nos deixaram por sobreviventes?

     Alto destino dos Saas,
     que em Leis, em Armas e Letras
     serviram à guerra e à paz,
     a todo serviço afeitos.
     Para onde agora me vou?
     por que desígnios secretos,
     para que secretos feitos?
     Nestes tempos imperfeitos,
     nem sei de mim nem dos outros,
     do que são nem do que sou...

Eis que água e vento vão desencontrados.
(Assim, dia após dia, se há perdido
naus que buscavam rumos tão variados!)

Faz-se agora o caminho mais comprido:
estas altas, flutuantes sepulturas
já não têm direção, rota, sentido...

E trezentas e tantas criaturas
aguardam só descer aos solitários,
fundos níveis das águas verde-escuras.

Rija a porfia com ventos contrários,
muito mais fortes, no acometimento,
que a poderosa audácia dos corsários!

     Ai, por este amargo mar,
     com tão inimigos tempos,
     que poderei esperar?
     Vou sobre líquidas covas!
     Como eu me confundo em mim,
     confunde-se a água revolta.
     E são sempre duras provas
     nestas aventuras novas
     de, entre os mudos horizontes,
     enfrentar o próprio fim!

Eis que, inertes ou ativos, mar e vento
comandam mais que o próprio comandante,
que nem lhes adivinha o modo ou o intento.

E a nau que vai para o Brasil distante,
perdendo a justa rota, se demora
pelas ilhas que estão d'África diante.

Crescem as aflições e o medo, agora
que o ardor mortal do negro continente
aos navegantes corpo e alma devora.

Embarcara em Belém tamanha gente!
Cavaleiros, marujos, mercadores,
órfãs... (E à Morte chegarão, somente?)

     Vou-me de Governador,
     sem saber se a salvamento
     chegarei a Salvador.
     Deus sabe que a tudo atendo,
     no mortal e no imortal:
     almas e corpos contemplo,
     a umas e outros provendo;
     muitos, porém, vão morrendo:
     pondo-me a fazer a conta,
     receio a soma final.

Eis o caminho dos navegadores,
juncado de saudades, prantos, ossos,
cemitério de estranhos sons e cores,

lavrado pelas mãos dos tempos grossos,
de onde olham para sempre olhos perdidos
velas, âncoras, cordas, paus, destroços...

Mergulham nele agora outros vencidos
de fome e febre, na costa africana,
e o gemido do mar tem mais gemidos.

Obediente à severa lei humana,
segue a nau que, mais de quarenta vezes,
regeu a lei da Morte, soberana...

    Frotas da Índia, que no mar
    riquezas perdestes e honra,
    vedes agora passar
    uma nau que, em luz e sombra,
    vai demandando o Brasil,
    numa viagem tão longa,
    pela incerta, equórea alfombra
    – que atrai, que deslumbra e assombra –,
    por uma rota de espanto
    que vem desde o mês de abril.

Acabaram-se os dias portugueses:
é dezembro, nos mares da Bahia.
Sofrimentos sofremos oito meses.

GLORIFICAÇÃO DE ESTÁCIO DE SAA

Gloriosa é a sorte
de quem morre jovem:
gloriosa é a morte,
antes que as desordens
da velhice o prostrem.

Gloriosa é a sorte
de quem morre jovem,
antes que o derrotem
(nem sempre o mais forte...)

Quando as setas chovem,
quando os homens correm,
quando as forças fogem,
gloriosa é a morte,
gloriosa é a sorte
dos heróis que a provem.

Gloriosa é a morte
de quem morre jovem.

História de Anchieta

Vede o Santo Anchieta,
o Santinho corcós,
de roupeta preta,
posto em oração,
erguido nos ares,
acima do chão!

Vede Anchieta, o Santo,
como o céu descreve
com tamanho encanto
que o índio quer trocar
depressa este mundo
por esse lugar!

Vede o Santo Anchieta,
o Santinho corcós,
de roupeta preta
como vai e vem
por entre as aldeias
a salvar alguém.

Vede Anchieta, o Santo,
a tratar das chagas,
a enxugar o pranto
do índio sofredor,
a aprender-lhe o idioma,
a ensinar-lhe amor.

Vede o Santo Anchieta
o Santinho corcós
de roupeta preta
com os seus corumis:
que cantos! que danças!
que tempo feliz!

Vede Anchieta, o Santo,
batizando um velho
que vivera tanto
que a tão grande ancião
só cabia um nome:
o nome de Adão!

Vede o Santo Anchieta,
o Santinho corcós,
de roupeta preta,
a desenterrar
o menino vivo
que se quis matar!

Vede Anchieta, o Santo
que louvara a Virgem
em tão longo canto,
a estender nas mãos
versos e milagres
para os seus irmãos.

Vede o Santo Anchieta
o Santinho corcós,
de roupeta preta,
cercado de luz
a rezar na cela,
adorando a Cruz.

Vede Anchieta, o Santo,
entre montes altos
e praias de espanto,
pisar neste chão
entre o Pão de Açúcar
e o Cara de Cão!

Vede Anchieta, o Santo,
tão leve, tão puro
com celeste manto,
a dizer adeus
entre o céu e a terra,
aos índios de Deus.

OROPACAN

Quase à meia-noite,
nasce Oropacan:
abrirá seus olhos
à luz da manhã?

O pai, que o recebe
nos braços, feliz,
amarra-lhe o umbigo,
calca-lhe o nariz.

Lava-o logo e pinta-o
de preto e encarnado.
E deixa-o sem faixa
na rede deitado!

Com arco e tacape
e flechas de pluma,
não sabe o menino
de coisa nenhuma.

Com risos e beijos
pede-lhe ao nascer
que seja homem bravo
para combater.

Oropacan dorme.
Dorme Oropacan
de século em século
por noite e manhã.

Oropacan dorme.
Chama-se "arco e corda"
(Agora, somente,
o indiozinho acorda...)

Acorda e conhece
que vai longe o dia
em que só de guerras
seu povo vivia.

Poema dos inocentes Tamoios

Andávamos bem correndo
por nossas matas...

Ficávamos bem pescando
em nossas águas...

Flechávamos bem de longe
a nossa caça...

Corriam bem pelas ondas
nossas igaras...

Furávamos bem por gosto
a nossa cara...

Com a pele preta e vermelha
mui bem pintada...

Fazíamos bem de penas
roupas de gala...

Soavam bem pelos ares
nossos maracás...

Bebíamos bem do vinho
que fermentava...

Dormíamos bem nas redes
das nossas tabas...

Bem tratávamos o amigo
que nos buscava...

Mas os nossos inimigos,
que bem matávamos!

Canoas altas e enormes
aqui pararam.

Homens como nunca vimos
nos acenaram.

Traziam roupas bonitas
em muitas caixas...

Davam-nos pentes e espelhos
que rebrilhavam:

pediam-nos pau vermelho
que lhes cortávamos.

Traziam gorros, tesouras,
panos e facas:

pediam peixes e frutas,
saguins e araras.

Já estávamos mal dormindo
em nossas tabas:

partiam os estrangeiros,
outros voltavam.

Andávamos mal correndo
em nossas matas:

longe, as canoas nas águas
logo estrondavam.

As moças dentro das ondas
mal se banhavam;

borboletas, passarinhos
já se assustavam.

Pelas brenhas e lagoas
fugia a caça.

Mal corriam nossas flechas,
lentas e fracas,

pois vimos flechas de fogo
muito mais bravas,

com os novos homens que vieram
e nos contaram

histórias de sua terra,
extraordinárias,

e à nossa terra subiram
e andar-andaram.

Nossos bens e nossas vidas
se misturaram;

e, dentro das nossas mortes,
o sangue e as raças,

como a água doce dos rios
e a água salgada...

Ai, meus avós, que este mundo
é coisa rara:

tudo começa de novo,
quando se acaba!

Retiro espiritual de Men de Saa

Oração preparatória

Ó Deus Nosso Senhor, ponde
os Vossos olhos em mim,
que a terras tão longes vim
que chego e ainda não sei onde.
Deus Nosso Senhor, fazei,
por Vossa extrema bondade,
com que a um tempo eu sirva a el-Rei
e à Divina Majestade.

1° Prelúdio

Duplamente desterrado
da pátria celestial
e da pátria natural,
venho triste e fatigado,
sem saber o que me espera
em tão selvagem lugar,
temendo que o homem à fera
bem se possa comparar.

2° Prelúdio

Ó Cristo recém-nascido,
que a Vossa pura inocência
aclare em minha consciência
qualquer pecado esquecido:
envergonhado e confuso,
contemplo o meu coração
e aos Vossos olhos me acuso
nesta contrita oração.

Colóquio com Jesus Menino

Vós, que morrereis na Cruz,
sem terdes jamais pecado,
só por mim, Cristo Jesus,
futuro crucificado,
como pudestes deixar
as glórias do reino eterno
para dos males do inferno
minha pobre alma salvar?

Que tenho eu feito por Vós?
De esperança em esperança
vai-se-me a vida veloz
atrás do que não se alcança.
Hoje, aos Vossos pés rendido,
deploro este modo vão
de viver tão sem razão,
do Vosso rumo perdido.

E agora, Cristo Senhor,
nestas terras diferentes,
venho de Governador
tratar com tão rudes gentes!
Após tormentos do mar,
lutas humanas avisto:
se não me ajudardes, Cristo,
não sei se as posso enfrentar.

Justo e sereno fazei
este vassalo submisso
que, cumprindo ordens de el-Rei,
não esquece o Vosso serviço.
Perdoai-me as faltas que a dor
de as ter cometido um dia
alcance força e alegria
para o triste pecador.

Ensinai-me a batalhar
com este povo selvagem,
e que a Vossa clara imagem
seja uma bandeira no ar;
e entre os imensos perigos
das batalhas que virão
possam mesmo os inimigos
encontrar a Salvação.

Meditação sobre o Inferno

(Exercício espiritual de Men de Saa)

Ó dimensões do Inferno, desmedidas,
altas chamas como árvores crescentes,
onde ardem almas, em fogo vestidas.

Ó gritos, uivos e ranger de dentes,
blasfêmias contra o Cristo e contra os santos,
dos mortos em pecado, impenitentes.

Ó fumaça de enxofre sobre os prantos,
cheiro de podridão, cloacas imundas
que dilatam pelo ar nuvens de espantos...

Ó gosto amargo e azedo das profundas
tristezas, onde o verme da consciência
bebe lágrimas negras e infecundas...

Ó dor das rubras chamas, com violência
queimando as almas num incêndio eterno,
sem tréguas, esperança nem clemência...

Ó desmedidas dimensões do Inferno!

Colóquio

E assim o Inferno tortura
com infinitos tormentos,
ó Cristo Nosso Senhor,
a alma de cada criatura
que viveu sem mandamentos
ou que vos tenha ignorado.
E a mim, triste pecador,
por muito que haja pecado,
sempre me tendes poupado.
Concedestes-me o favor
de não morrer nesse estado.
Ante essa imensa ventura,
pouco é todo o meu amor.

2° Colóquio imaginário de Men de Saa

Que fiz eu, por onde andei,
nos ofícios que exercia?
Dos pecados que pequei
sempre me arrependeria?
Néscio, mesquinho, malvado,
aos pés do meu Salvador,
agradeço-lhe o favor
de haver-me ao Inferno poupado.

Colóquios com Nossa Senhora, Cristo e o Padre Eterno

Ó Virgem Nossa Senhora,
de Vosso Filho alcançai-me
a graça de conhecer
e detestar desde agora
meus vícios e meus pecados.
O poder e a força dai-me
de este mundo aborrecer
e não achar alegria
em seus caminhos errados,
Ave Maria!

E Vós, ó Cristo Senhor,
do Padre Eterno alcançai-me
esse infinito favor!
   ("Alma de Cristo, santificai-me,
   Corpo de Cristo, salvai-me,
   Sangue de Cristo, inebriai-me...")

Ó Divina Majestade
abaixai os Vossos olhos
para este homem que de geolhos
suplica a Vossa bondade.
Sem Vós, Senhor, nada posso!
Padre Nosso!

RETRATO DE CUNHAMBEBE

Pode ser mulher que voa
(a Morte?) na flecha breve
que atravessa a vida e pousa.

(É Cunhambebe.)

Pode ser língua arrastada
pelo Mal que come e bebe
e lhe dá torpeza à fala.

(É Cunhambebe.)

Pois já trincou dez mil homens,
ele, o principal, o chefe,
por vingança: não por fome.

(É Cunhambebe.)

Com suas muitas igaras
pelas angras arremete,
e até grandes naus assalta.

(É Cunhambebe.)

Sob o diadema de penas,
cansado e triste, reflete,
de arrecadas nas orelhas.

(É Cunhambebe.)

Branco é o seu colar de búzios
em que ao fôlego estremece
o pendente caramujo.

(É Cunhambebe.)

Ao longo de toda a costa,
só pelo faro percebe
se alguém parte, se alguém volta.

(É Cunhambebe.)

Neste universo dos índios,
quem é que não lhe obedece?
Morre o que for inimigo.

(É Cunhambebe.)

Grande e forte, ei-lo sentado
na taba, onde se diverte
a sonhar mortes de bravos.

(É Cunhambebe.)

Mas, após tão bravos mortos,
virá procurá-lo a peste
para arrebentar-lhe os ossos.

E quem há que a Morte fleche?

(É Cunhambebe.)

S. Sebastião entre as canoas

I

O "homem bom" Francisco Velho
atravessava a baía
à procura da madeira
que aos ombros carregaria
para, no recente chão,
arrematar a capela
a capela que construía
para S. Sebastião.

Remava Francisco Velho:
caiu-lhe por cima a indiada.
Mulheres e homens aos gritos,
flechas voando na enseada.
Dez, cinquenta, cem canoas
que aparecem de repente.

II

Ah! quem é o homem brilhante
que salta pelas canoas?
É sol? é estrela?
Não é mair, não é peró,
não é de nação tamoia.

Entremos pela água adentro,
que este homem de luz e fogo,
é sol? é estrela?
tem flechas que nós não temos
e acabam com os homens todos!

Fujamos daqui depressa,
que é talvez Tupã quem manda
é sol? é estrela?
contra nós outro cacique
defensor da nação branca!

Ah! que o próprio mar estronda!
Dentro da fumaça negra
é sol? é estrela?
o homem pula entre as canoas!
É o próprio Tupã que chega!

Vamos para a nossa aldeia!
Corremos grande perigo.
É sol? é estrela?
Para a terra, bem depressa,
que isto é combate perdido!

É grande a nossa bravura,
mas não contra um homem destes,
é sol? é estrela?
que armado de flechas voa
como um pássaro celeste.

Vamos para a grande noite
das montanhas e florestas,
é sol? é estrela?
que o guerreiro de onda em onda
nos atira suas setas.

Cantata

Cantata da Cidade do Rio de Janeiro
A MUI LEAL E HEROICA CIDADE DE SÃO SEBASTIÃO

A Carlos Lacerda

Levantemos a cidade, que ficará por memória do nosso heroismo e exemplo de valor às vindouras gerações, para ser a rainha das províncias e o empório das riquezas do mundo.

(Frase atribuída a Estácio de Sá, por ocasião da fundação da cidade, 1565.)

I / A FUNDAÇÃO

Terra do bravo tamoio, círculo de aldeias em torno da água redonda:
água coberta de ilhas, altas montanhas, florestas longas.

Pau-brasil! Pau-brasil! E os ares cheios de asas amarelas, verdes, azuis
e pelo chão as cobras, o caititu, o tapiraçu...

Ali, o rio que vem da montanha, ali, as igaras, as redes, as flechas,
maracás, tacapes, a cantiga, a dança, o combate, a festa...

> "Venham todos para festa,
> venham devorar um bravo:
> a sorte da guerra é esta..."

>   ou

> "Cobrinha, um momento para:
> quero imitar teu primor
> e fazer cintura rara
> para dar ao meu amor."

No céu, as estrelas; nas águas, os peixes, também a brilhar:
acaraguaçu, acará-mirim, curimã...

Terra do bravo tamoio, tão bem cobiçada, tão mal conhecida!
De bem longe chegam naus de gente estranha, falando outras línguas.

Oh, rio enganoso... pois a água redonda é seio do mar,
enseada, baía, Guanabara, Guana-bará...

    (Entre as flechas que voam, os portugueses descobridores
    desembarcaram, com a fé e a coragem de um punhado de homens.
    Aqui, entre os morros, começaremos a fortaleza:
    bateremos os invasores, roçaremos a terra, cortaremos madeira para a cerca.
    E fortes seremos, por D. Sebastião, o futuro rei,
    e por S. Sebastião, que de setas crivado também morreu.)

"Levantemos a Cidade que ficará por memória do nosso heroísmo..."

II / O SÉCULO XVII

Levantávamos a Cidade! Casas de barro, cana, mandioca,
flechas de tamoios, tiros de arcabuzes por cima das casas e roças...

Anchieta, o Santo; Estácio, o herói, índios e cristãos,
ó cidade de setas, te haviam fundado, por D. Sebastião e por S. Sebastião!

Levantávamos a Cidade! Capelas, ermidas, mosteiros, igrejas e igrejas...
Missas, cerimônias, curumins dançando... e a artilharia nas fortalezas.

E vinham governadores, e vinham prelados... Festas, procissões...
Levantávamos a Cidade, a Leal Cidade de S. Sebastião.

"Por memória do nosso heroísmo e exemplo de valor às futuras gerações..."

III / O SÉCULO XVIII

Levantávamos a Cidade: entre paludes, lagoas, brejos.
Entradas solenes de Bispos. Cresciam palácios, igrejas, colégios...

Toque de rebate! Invasores entram! Ai! o assalto, o saque, a traição...
Mas resgataremos a Cidade, a Leal Cidade de S. Sebastião!

Faremos baluartes, armaremos os fortes, reforçaremos os muros.
Secaremos os brejos, traçaremos as ruas, construiremos aquedutos...

Levantávamos a Cidade, levantávamos a Cidade!
Os próprios Santos tomavam parte nos nossos combates!

"... POR MEMÓRIA DO NOSSO HEROÍSMO E EXEMPLO DE VALOR ÀS VINDOURAS GERAÇÕES..."

IV / O SÉCULO XIX

Levantávamos a Cidade: de águas pantanosas, nasceram jardins.
Tempo de Vice-Reis. O palácio, a estátua, a fonte, o chafariz...

Brancos, mamelucos, negros, todos juntos a Cidade construíram.
Nela os poetas cantaram, os mártires morreram. Mas a cidade vivia!

    (Lá vem a nau da Rainha
    que venceu o temporal:
    vêm príncipes, vêm princesas,
    – a Corte de Portugal.)

Levantamos a Cidade: sobrados, museus, chácaras, carruagens...
Casamentos reais, festas, luminárias, mucamas e pajens.

    (Ai, quem é que canta num sopro tão manso?
    É a negra embalando o menino branco.

    Que barulho é este, de música surda?
    É o negro dançando pela noite escura...)

Levantamos a Cidade. Navios que trazem sábios e artistas.
Navios que partem com o Rei e a Corte. E o Príncipe que fica.

Levantamos a Cidade. Hinos, modinhas, proclamações imperiais.
Cidade de S. Sebastião, Heroica e Mui Leal.

Os teatros que surgem. Os livros que se abrem. Cidade de ciências, de artes e ofícios.
Mil vozes cantando missas, ladainhas, óperas e hinos...

Fogos de artifício. Máscaras. Carnavais. Inaugurações.
Levantamos a Cidade sobre esperanças de independência e libertação...

Pianos, árias, sermões, orações cívicas, aerostatos.
Ruas e ruas novas, e as sinhazinhas que se separam de seus escravos.

(Pisei na pedra,
a pedra balanceou:
o mundo estava torto.
Princesa endireitou...)

(Quem canta com todo esse contentamento?
É o negro que já ficou livre do cativeiro!)

"... Levantaremos a Cidade para ser a rainha das províncias..."

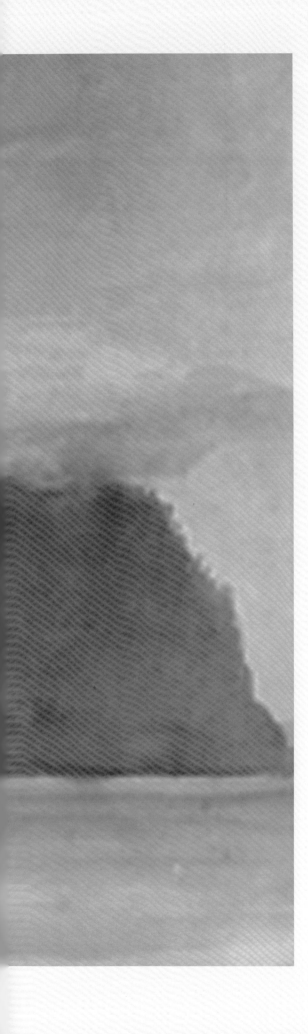

V / O SÉCULO XX

Levantamos a Cidade! por todos os lados a levantávamos:
uma parte, no mapa estendida: outra parte elevada nas almas.

Mais alto que Reino, que Império e República, a estrela de luz,
a estrela dourada da Cidade, pintada no campo azul.

Levantamos esta Cidade festiva onde os povos da terra encontram bondade:
cidade sadia, sem males, sem ódios, com a força do sonho, do espírito e da arte.

Cidade de ricos e pobres, arquitetura de música e amor,
que envolve no mesmo abraço o que há de vir e o que já foi (ou: o que passou).

Cidade nossa heroica e leal,
metade morro, metade mar,
capaz de sofrer sem se queixar,
ferida de setas por lei natural,
Cidade de S. Sebastião,
que não teme as setas do mal,
como o seu Santo e o seu Capitão.

Levantaremos todos os dias esta Cidade, sempre maior e mais bela,
pois os seus naturais aumentam mais a beleza da terra.

Levantaremos esta Cidade, rainha das províncias e empório do mundo
e nela marcaremos a nossa vontade, o nosso destino, o nosso rumo.

São Paulo, fevereiro, 1964.

CRONOLOGIA

1901

A 7 de novembro, nasce Cecília Benevides de Carvalho Meirelles, no Rio de Janeiro. Seus pais, Carlos Alberto de Carvalho Meirelles (falecido três meses antes do nascimento da filha) e Mathilde Benevides. Dos quatro filhos do casal, apenas Cecília sobrevive.

1904

Com a morte da mãe, passa a ser criada pela avó materna, Jacintha Garcia Benevides.

1910

Conclui com distinção o curso primário na Escola Estácio de Sá.

1912

Conclui com distinção o curso médio na Escola Estácio de Sá, premiada com medalha de ouro recebida no ano seguinte das mãos de Olavo Bilac, então inspetor escolar do Distrito Federal.

1917

Formada pela Escola Normal (Instituto de Educação), começa a exercer o magistério primário em escolas oficiais do Distrito. Estuda línguas e em seguida ingressa no Conservatório de Música.

1919

Publica o primeiro livro, Espectros.

1922

Casa-se com o artista plástico português Fernando Correia Dias.

1923

Publica Nunca mais... e Poema dos poemas. *Nasce sua filha Maria Elvira.*

1924

Publica o livro didático Criança meu amor... *Nasce sua filha Maria Mathilde.*

1925

Publica Baladas para El-Rei. *Nasce sua filha Maria Fernanda.*

1927

Aproxima-se do grupo modernista que se congrega em torno da revista Festa.

1929

Publica a tese O espírito vitorioso. *Começa a escrever crônicas para* O Jornal, *do Rio de Janeiro.*

1930

Publica o poema Saudação à menina de Portugal. *Participa ativamente do movimento de reformas do ensino e dirige, no* Diário de Notícias, *página diária dedicada a assuntos de educação (até 1933).*

1934

Publica o livro Leituras infantis, *resultado de uma pesquisa pedagógica. Cria uma biblioteca (pioneira no país) especializada em literatura infantil, no antigo Pavilhão Mourisco, na praia de Botafogo. Viaja a Portugal, onde faz conferências nas universidades de Lisboa e Coimbra.*

1935

Publica em Portugal os ensaios Notícia da poesia brasileira *e* Batuque, samba e macumba.

Morre Fernando Correia Dias. Nomeada professora de literatura luso-brasileira e mais tarde técnica e crítica literária da recém-criada Universidade do Distrito Federal, na qual permanece até 1938.

1937

Publica o livro infanto-juvenil A festa das letras, *em parceria com Josué de Castro.*

1938

Publica o livro didático Rute e Alberto resolveram ser turistas. *Conquista o prêmio Olavo Bilac de poesia da Academia Brasileira de Letras com o inédito* Viagem.

1939

Em Lisboa, publica Viagem, *quando adota o sobrenome literário Meireles, sem o L dobrado.*

1940

Leciona Literatura e Cultura Brasileira na Universidade do Texas (EUA). Profere no México conferências sobre literatura, folclore e educação. Casa-se com o agrônomo Heitor Vinicius da Silveira Grillo.

1941

Começa a escrever crônicas para A Manhã, *do Rio de Janeiro. Dirige a revista* Travel in Brazil, *do Departamento de Imprensa e Propaganda.*

1942

Publica Vaga música.

1944

Publica a antologia Poetas novos de Portugal. *Viaja para o Uruguai e a Argentina. Começa a escrever crônicas para a* Folha Carioca *e o* Correio Paulistano.

1945

Publica Mar absoluto e outros poemas *e, em Boston, o livro didático* Rute e Alberto.

1947

Publica em Montevidéu Antologia poética (1923-1945).

1948

Publica em Portugal Evocação lírica de Lisboa. *Passa a colaborar com a Comissão Nacional do Folclore.*

1949

Publica Retrato natural *e a biografia* Rui: pequena história de uma grande vida. *Começa a escrever crônicas para a* Folha da Manhã, *de São Paulo.*

1951

Publica Amor em Leonoreta, *em edição fora de comércio, e o livro de ensaios* Problemas da literatura infantil. *Secretaria o Primeiro Congresso Nacional de Folclore.*

1952

Publica Doze noturnos da Holanda & O aeronauta *e o ensaio* Artes populares *no volume em coautoria* As artes plásticas no Brasil. *Recebe o Grau de Oficial da Ordem do Mérito, no Chile.*

1953

Publica Romanceiro da Inconfidência *e, em Haia,* Poèmes. *Começa a escrever para o suplemento literário do* Diário de Notícias, *do Rio de Janeiro, e para* O Estado de S. Paulo.

1953/1954

Viaja para a Europa, Açores, Goa e Índia, onde recebe o título de Doutor Honoris Causa da Universidade de Delhi.

1955

Publica Pequeno oratório de Santa Clara, Pistoia, cemitério militar brasileiro *e* Espelho cego, *em edições fora de comércio, e, em Portugal, o ensaio* Panorama folclórico dos Açores: especialmente da Ilha de S. Miguel.

1956

Publica Canções *e* Giroflé, giroflá.

1957

Publica Romance de Santa Cecília *e* A rosa, *em edições fora de comércio, e o ensaio* A Bíblia na poesia brasileira. *Viaja para Porto Rico.*

1958

Publica Obra poética *(poesia reunida). Viaja para Israel, Grécia e Itália.*

1959

Publica Eternidade de Israel. *Viaja novamente para os Estados Unidos.*

1960

Publica Metal rosicler.

1961

Publica Poemas escritos na Índia *e, em Nova Delhi,* Tagore and Brazil. *Começa e escrever crônicas para o programa "Quadrante", da Rádio Ministério da Educação e Cultura.*

1962

Publica a antologia Poesia de Israel. *Viaja novamente para o México.*

1963

Publica Solombra e Antologia poética. *Começa e escrever crônicas para o programa "Vozes da cidade", da Rádio Roquette Pinto, e para a* Folha de S. Paulo.

1964

Publica o livro infanto-juvenil Ou isto ou aquilo, *com ilustrações de Maria Bonomi, e o livro de crônicas* Escolha o seu sonho. *Falece a 9 de novembro, no Rio de Janeiro. Conquista postumamente (em 1965) o Prêmio Machado de Assis da Academia Brasileira de Letras, pelo conjunto de sua obra.*

© Condomínio dos Proprietários dos Direitos Intelectuais de Cecília Meireles
Direitos cedidos por Solombra – Agência Literária (solombra@solombra.org).
"Cecília", Carlos Drummond de Andrade © Graña Drummond
www.carlosdrummond.com.br

Direitos reservados
2ª Edição, Global Editora, São Paulo; Batel, Rio de Janeiro 2019

Organização e apresentação
Anélia Montechiari Pietrani

Curadoria
Godofredo de Oliveira Neto

Coordenação editorial
Carlos Barbosa

Projeto gráfico
Eduardo Okuno

Revisão
Flavia Baggio

Editoração eletrônica
Solange Trevisan

Imagens
Aquarelas de Johann Moritz Rugendas

Global Editora
Gustavo Henrique Tuna – Gerente editorial
André Seffrin – Coordenação editorial, estabelecimento de texto e cronologia
Flávio Samuel – Gerente de produção
Helô Beraldo – Editora assistente

Editora Batel
Carlos Barbosa – Diretor editorial
Solange Trevisan zc – Diretora de produção

Texto estabelecido segundo o Acordo Ortográfico da Língua Portuguesa de 1990, em vigor no Brasil desde 2009.

CIP-BRASIL. CATALOGAÇÃO NA PUBLICAÇÃO
SINDICATO NACIONAL DOS EDITORES DE LIVROS, RJ

M454c
2. ed.
    Meireles, Cecília
        Crônica trovada da cidade de Sam Sebastiam e cantata da cidade do Rio de Janeiro / Cecília Meireles ; coordenação editorial André Seffrin ; curadoria Godofredo de Oliveira Neto. - 2. ed. - São Paulo : Global ; Rio de Janeiro : Batel, 2019.
        108 p. ; 29 cm.

        ISBN 978-85-260-2481-6

    1. Poesia brasileira. 2. Rio de Janeiro (RJ) - História - Poesia. I. Seffrin, André. II. Oliveira Neto, Godofredo de. III. Título.

19-56719   CDD: 869.1
                      CDU: 82-1(81)
Meri Gleice Rodrigues de Souza – Bibliotecária CRB-7/6439

global editora e distribuidora ltda.
Rua Pirapitingui, 111 – Liberdade
CEP 01508-020 – São Paulo – SP
Tel.: (11) 3277-7999
E-mail: global@globaleditora.com.br
Site: www.globaleditora.com.br

Editora Batel

Editora Batel
Av. das Américas, 3.301 – Bloco 4 – Grupo 308 – Barra da Tijuca
CEP 22631-003 – Rio de Janeiro – RJ
Tel.: (21) 2547-9536
E-mail: editorabatel@editorabatel.com.br
Site: www.editorabatel.com.br

Colabore com a produção científica e cultural.
Proibida a reprodução total ou parcial desta obra
sem a autorização dos editores

Nº de Catálogo: 3818

Este livro foi composto na fonte RotisSerif
com miolo em Papel cuchê 150 g/m2
e capa dura com sobrecapa em papel cuchê 170 g/m2,
no Outono de 2019.